MONICA NEGRI

LEZIONI DI STILE

Personalizzare il Tuo Stile e Dare Forma all'Eleganza per Essere Sempre Chic e alla Moda

Titolo

"LEZIONI DI STILE"

Autore

Monica Negri

Editore

Bruno Editore

Sito internet

www.brunoeditore.it

Sommario

Introduzione

Lo stile è il modo in cui facciamo una cosa e, più precisamente, è il risultato formale delle scelte e dei mezzi espressivi che ciascuno di noi usa per comunicare con il mondo. Infatti, questo termine può essere applicato a molteplici campi d'azione: dal modo di parlare, ridere, camminare, cucinare, ballare, fare sport, suonare, dipingere… a come ci vestiamo e ci presentiamo esteticamente.

Poiché **la ricerca della bellezza estetica rappresenta da sempre un bisogno intenso e irresistibile dell'essere umano**, il termine stile è diventato ormai di pertinenza quasi esclusiva del mondo dell'immagine, come sinonimo di eleganza e raffinatezza.

Questo è il motivo per cui in queste pagine ti parlerò in modo specifico dello stile applicato all'eleganza nel vestire e al modo di apparire di una persona. Tuttavia il mio scopo non è quello di dare consigli universali, quanto piuttosto di aiutarti a **far emergere la tua personale dimensione di eleganza**.

Negli ultimi tempi la parola “chic” è entrata a far parte del linguaggio comune delle persone. Ciò dimostra il bisogno sempre più forte di qualificare la nostra esistenza come qualcosa di unico e speciale, e questo vale anche per l’eleganza. Tuttavia non basta usare e abusare di questo termine per essere davvero “chic”.

Che cosa significa allora esattamente “chic”? Quando si dice che una persona è “chic”? Stando ai dizionari più autorevoli, generalmente si dice che una persona è chic quando è molto elegante, raffinata, distinta, garbata, di classe.

Più ancora che un risultato estetico, però, essere chic corrisponde a quel **sottile equilibrio fra essere e apparire** che una persona raggiunge attraverso la conoscenza di se stessa e di determinati canoni estetici e comportamentali tradizionalmente conosciuti e condivisi. **“Chic” non riguarda quindi solo il tuo abbigliamento, ma anche il tuo modo di porti rispetto a ciò che ti circonda**.

In un clima di recessione come quello in cui stiamo vivendo, “chic” vuol dire anche **saper vivere con un budget limitato senza sacrificare lo stile**, poiché avere stile non significa esibire un cliché, un guardaroba firmato o oggetti di lusso, ma significa **moderazione, equilibrio e buon senso**. Vuol dire riconoscere i dettagli e le sfumature che fanno la differenza, sviluppare un senso personale dell'eleganza, sapersi adattare con semplicità e naturalezza alle varie circostanze della vita.

In queste pagine scoprirai come fare tutto ciò in modo pratico e sintetico. Tuttavia è importante che in questo percorso tu sia mosso dal puro piacere personale e non dalla speranza che questo influenzi l'idea che gli altri potrebbero farsi di te. Se vuoi ottenere veramente quello che desideri, devi liberarti dal bisogno di averlo a tutti i costi e questo vale per qualunque cosa: **compresa l'eleganza.**

Certe persone, infatti, riescono a essere così chic e pervase di stile proprio perché non hanno bisogno di apparire tali, **ma sono quello che sono naturalmente, per il semplice piacere di essere così**. Buona lettura.

Monica Negri

CAPITOLO 1:
Come sviluppare un senso personale dell'eleganza

L'importanza di conoscere e filtrare

Essere elegante non vuol dire vestire bene solo per le occasioni speciali, ma vuol dire vestire adeguatamente e in modo armonico in ogni occasione della tua vita, poiché i **tuoi abiti sono la tua prima forma di comunicazione**, soprattutto quando gli altri non ti conoscono.

Tuttavia il vero segreto dell'eleganza non è quello di adeguarti a canoni precostituiti della moda e del fashion system, bensì di **filtrare e adattare** gli stessi alle tue regole personali, tenendo conto di alcuni aspetti importanti: il tuo ruolo sociali, i tuoi interessi, l'ambiente in cui vivi, l'età e il fisico.

La moda deve essere vista come un insieme di suggerimenti e stimoli al rinnovamento, non come qualcosa da copiare pari pari o in cui identificarsi. Ciò cui devi puntare, in pratica, è evitare di comprare una cosa solo perché è di moda e imparare invece a scegliere solo ciò che è meglio per te, e che quindi ti valorizza al massimo!

Per fare questo in modo consapevole è indispensabile però che tu abbia a disposizione le informazioni giuste, poiché solo attraverso un'adeguata conoscenza puoi scegliere il meglio. Fondamentalmente sono tre i tipi d'informazione di cui hai bisogno:

1. la conoscenza del mercato;
2. la conoscenza dei "permanent fashion";
3. la conoscenza di te stesso.

La conoscenza del mercato vuol dire conoscere almeno a grandi linee l'evoluzione del trend in quelle che sono le variabili principali di ogni stagione, come i colori, le linee, le lunghezze, i volumi. L'approccio giusto verso questo tipo d'informazione deve essere non ossessivo, ma semplicemente di curiosità e divertimento.

La conoscenza dei "permanent fashion" invece riguarda la conoscenza dei così detti capi "classici", cioè di quei capi irrinunciabili perché non soggetti al passare della moda e del tempo, la cui bellezza è rappresentata dalla qualità dei dettagli. **L'importanza di questi capi è a dir poco strategica** per il funzionamento di un guardaroba elegante e nei capitoli successivi ti spiegherò bene il perché.

Se sei nato in una famiglia di buon gusto, l'eleganza e la conoscenza dei "permanent fashion" ti viene tramandata per educazione come un fatto naturale! Ma, se non è così e hai passione per le cose belle, puoi decidere consapevolmente di imparare cosa è elegante e cosa non lo è, allenandoti attraverso l'informazione e osservando con sensibilità e intelligenza gli opinion leaders negli ambienti che ti interessano, per cogliere dettagli e sfumature preziosi.

I tuoi abiti veicolano messaggi, quindi più crei una sintonia fra i tuoi obiettivi/pensieri/desideri e la tua immagine, più crei i presupposti per una comunicazione efficace.

SEGRETO n. 1: la vera eleganza sta nel conoscere e filtrare ciò che vedi, per prendere solo il meglio. Informati, quindi, presso fonti autorevoli e osserva con intelligenza le persone considerate eleganti per cogliere tutti i dettagli e le sfumature che le contraddistinguono. Infine, scegli solo ciò che è perfetto per te, indipendentemente dalla moda.

Ed eccoci arrivati al terzo punto: **la conoscenza di te stesso**. Una volta che hai capito com'è l'evoluzione del trend, quali sono i "permanent fashion" e com'è opportuno vestirsi a seconda dell'ambiente, dell'occasione e del messaggio che vuoi trasmettere di te, è di fondamentale importanza che impari anche a conoscere e accettare il tuo corpo con i suoi pregi e difetti.

Evita, però, di giudicarti troppo duramente, poiché nessuno è perfetto e avere stile non dipende certo dall'avere un fisico da modello/a, quanto piuttosto dal credere in te stesso/a.

Accettarsi, volersi bene e vivere consapevolmente sono il primo passo per avere stile ed esercitare fascino. Evita, dunque, di dare eccessiva importanza a quelli che consideri difetti e impara invece ad amarti per come sei, concentrandoti sulle tue parti migliori. Una volta che hai capito quali sono i punti di forza del tuo fisico, puoi decidere come vestirti; senza dimenticare però di fare un giro davanti allo specchio per qualche prova pratica e obiettiva.

Lo specchio, oltre a riflettere la tua immagine, può aiutarti anche a ragionare sulle decisioni da prendere, perché l'eleganza è una visione d'insieme, quindi devi abituarti ad allenare il tuo "colpo d'occhio".

So che non è facile specchiarsi e che in genere passiamo davanti allo specchio per lo più frettolosamente per non pensare, oppure per criticarci duramente, ma tu prendilo come un passaggio importante per acquisire confidenza con la tua immagine e, in generale, per avere più sicurezza.

SEGRETO n. 2: per scegliere i capi perfetti per te devi conoscere il tuo fisico e accettarlo anche nelle parti che ti piacciono meno. Avere stile non dipende dal possedere un fisico perfetto, quanto piuttosto dal credere in se stessi.

L'importanza di migliorare il tuo senso estetico

Più alleni il tuo senso estetico e più raffini il tuo stile personale. Come si fa? Imparando a osservare quello che vedi in modo sensibile e intelligente, dopodiché registrando le tue emozioni. Più aumenta la tua conoscenza e comprensione di ciò che ti circonda, più possibilità hai di tracciare i confini del tuo stile e, quindi, di raffinare il tuo gusto personale.

Abituati dunque a osservare con curiosità e passione cose, persone, natura, opere d'arte, moda, film ecc. e a interrogarti sul loro significato. Frequenta mostre, vai al cinema e al teatro, sfoglia libri d'arte, ascolta musica. Osserva e ascolta quello che hanno fatto i "grandi artisti" e fatti delle domande. Chiediti perché hanno maturato certe scelte e cosa li ha spinti e ispirati.

Entra in uno stato mentale di apertura. Poniti nei confronti di ciò che vedi con spirito libero e non critico, quindi frena la tentazione di giudicare in modo preconcetto per elevarti a una visione più ampia possibile. **In pratica, cerca di non essere prevenuto/a**: mentre osservi e ascolti, registra le tue emozioni in modo libero e non secondo quello che ti hanno insegnato tuo padre, tua madre, i tuoi insegnanti, oppure secondo quello che potrebbe dirti il tuo partner o i tuoi amici.

Poiché il senso estetico è legato al piacere dei tuoi sensi, mentre registri le tue emozioni, vai in cerca di ciò che ti procura piacere. Associando quello che vedi a un'emozione di piacere, **crei un'esperienza** che il tuo cervello registrerà e ricorderà tutte le volte che incontrerai la stessa situazione estetica. **In questo modo getti le basi per costruire il tuo senso estetico e, dunque, il tuo stile personale**.

SEGRETO n. 3: per migliorare il tuo senso estetico devi imparare a osservare cose e persone con curiosità e passione, tenendo la mente aperta, per poi "registrare" le emozioni che provi, in particolare quelle che ti procurano piacere.

Fai emergere il tuo personaggio interiore

Dopo che hai imparato a sviluppare una certa confidenza fra quello che vedi attorno a te e quello che senti, sei pronto per far emergere il tuo personaggio interiore.

Il tuo personaggio interiore è ciò che caratterizza e contraddistingue il tuo stile, è ciò che dà forma al tuo personale senso dell'eleganza.

Questo non vuol dire, per esempio, che, se sei convinto di essere un tipo da jeans e scarpe da tennis, devi vestirti sempre così ovunque andrai. Ma vuol dire, invece, diventare capace di adattare la tua inclinazione ai vari contesti con cui avrai a che fare, **coniugando armonicamente il tuo gusto personale con ciò che ti circonda**.

Il tuo personaggio è in sostanza il filo conduttore delle tue scelte, che, per quanto queste ultime debbano essere adattate alle varie situazioni della vita, ti contraddistinguerà sempre. **È ciò che ti rende unico e speciale, è ciò per cui gli altri si ricorderanno di te.**

Il tuo personaggio è quello che ti permette di dare voce alla tua identità e alle tue idee compiendo azioni precise, come per esempio scegliere di indossare preferibilmente un certo tipo di colori, di tessuti, di accessori per anni, o di pettinarti prevalentemente in un certo modo, fin quando non decidi di cambiare perché è avvenuta dentro di te una nuova maturazione.

Quello che scegli a vent'anni facilmente potrebbe non piacerti più quando ne hai quaranta. Tutti noi siamo in costante evoluzione e così anche il nostro fisico e i nostri pensieri. Tuttavia, anche se cambiamo, siamo sempre noi stessi... ossia c'è sempre un "fil rouge" che ci accompagna. Se impari a individuarlo, **starai sempre bene con te stesso/a**.

Ti faccio degli esempi: pensa al manager Sergio Marchionne e ai suoi immancabili maglioncini di colore blu; al critico d'arte e giornalista Philippe Daverio e al suo abbigliamento eccentrico, che spazia dal gusto inglese a quello molto personale; oppure a Diego Della Valle e alla sua eleganza ricercata; allo stile trasandato-romantico dell'attore Johnny Depp e ancora a personaggi come l'avvocato Giovanni Agnelli, il poeta Gabriele D'Annunzio, il duca di Windsor…

Queste persone sono certamente diventate famose per quello che hanno saputo fare nella vita, ma il loro operato ha assunto **una**

valenza ancora maggiore grazie al fatto che sono stati capaci di non uniformarsi alla massa, **dettando invece le proprie regole di stile, a costo di andare controcorrente.**

Dunque, per far emergere il tuo personaggio interiore devi non solo conoscere te stesso, ma anche essere consapevole di come "funziona il mondo" fuori da te, trovando un equilibrio fra ciò che più ti piace e quello che la vita ti chiede.

SEGRETO n. 4: il tuo personaggio interiore è il tuo "fil rouge". È ciò che dà voce alle tue emozioni e, dunque, conferisce un'identità al tuo stile.

Osserva e studia la tua diva o il tuo divo preferito

Nel processo di ricerca di questo equilibrio, puoi fare ricorso a un'analisi simpatica e utile per il potenziamento del tuo stile personale: **l'osservazione di un personaggio celebre che ti piace**. Studiare il tuo divo/a preferito/a non ha lo scopo di indurti a confrontarti con un attore cercando di copiarlo, ma quello di farti ispirare dal suo personaggio e dunque di avvicinarti maggiormente al TUO!

Se ti piace un attore/attrice, significa che avete qualcosa in comune, magari non fisicamente ma solo nel carattere, e ciò che ti attira in lui/lei è quasi sempre ciò che fatichi a tirare fuori da te. L'identificazione anche solo momentanea con un personaggio che ti piace ha quindi il potere di farti riflettere sulla tua identità, di risvegliare stati d'animo nascosti e di aiutarti a **pensare a te stesso/a in modo più creativo.**

I personaggi dei film, come anche quelli dei libri, possono toccare le tue corde più intime e in questo senso aiutarti a conoscerti di più, a tirare fuori aspetti della tua personalità che magari vorresti tanto esprimere, ma che invece t'intimidiscono. **Studiare il tuo divo/a non significa dunque cercare di copiarlo, quanto piuttosto trovare uno stimolo per "reinventarti" o, meglio, far emergere il tuo personaggio nascosto**.

Attenzione però a non scivolare nell'errore di volerti identificare a tutti i costi con lui o lei, facendo confronti e accanendoti sulle diversità, perché tutto ciò sarebbe dannoso e deleterio. Sarebbe inutile innamorarsi di Brad Pitt e accanirsi nel voler essere come lui se tu sei bruno e con gli occhi neri, oppure puntare a essere come Audrey Hepburn quando hai un fisico tutte curve!

Quello che devi fare non è cercare di cambiarti, imitando un'altra persona e prendendola come modello di vita, ma semmai **"rubare" qualche piccola informazione utile al tuo miglioramento e crescita personale**.

In pratica l'osservazione di un divo/a che ti piace ha senso solo nella misura in cui da lui/lei puoi trarre qualcosa di buono per te e, quindi, se può essere uno stimolo sano e funzionale alla promozione della tua personalità.

Tutto questo per dirti che **è la tua unicità che deve emergere**. Se per fare questo hai bisogno di ricorrere all'ispirazione momentanea di una figura-personaggio che ti piace, non c'è nulla di male, purché – ripeto – si tratti di un'ispirazione pura e semplice.

Tra l'altro, gli attori e i divi dello schermo in generale, proprio per la professione che svolgono, sono circondati da fior di professionisti che si preoccupano di migliorare il loro aspetto sotto tutti i punti di vista: dal vestire, al modo di presentarsi e parlare.

"Rubare" un po' d'informazioni autorevoli da ciò che vedi può dunque essere un modo per **dare un impulso al tuo personaggio interiore**, per credere un po' di più in te... senza per questo desiderare di essere come il tale attore o la tale attrice, ma semplicemente per trarne spunto. D'altronde anche i divi sono comuni mortali e, come migliorano loro, così anche noi possiamo migliorare strappando loro qualche bella informazione gratis!

SEGRETO n. 5: osservare e studiare il tuo divo/a preferito/a può essere un gioco divertente per stimolare quelle parti di te che vorresti tanto tirare fuori, ma che fatichi a esprimere.

Dopo una serie d'indicazioni generali su come rendere il tuo stile e la tua eleganza inconfondibili, ecco adesso qualche passo per entrare più dettagliatamente nel profilo di una persona considerata chic. Questi passi sono niente di meno che una serie di principi di buon senso dai quali non è possibile prescindere, ma a cui puoi, senza ombra di dubbio, aggiungere il tuo personale e inconfondibile tocco di stile.

Tutto questo è per dirti ancora una volta che **prima di tutto è importante conoscere**, dopodiché, una volta che hai imparato le regole principali, puoi decidere anche di sovvertirle, purché tu sia in grado di mantenere comunque un **equilibrio armonico di forme, colori, materiali, linee, proporzioni e modo di porti**.

RIEPILOGO DEL CAPITOLO 1:

- SEGRETO n. 1: la vera eleganza sta nel conoscere e filtrare ciò che vedi, per prendere solo il meglio. Informati, quindi, presso fonti autorevoli e osserva con intelligenza le persone considerate eleganti per cogliere tutti i dettagli e le sfumature che le contraddistinguono. Infine, scegli solo ciò che è perfetto per te, indipendentemente dalla moda.
- SEGRETO n. 2: per scegliere i capi perfetti per te devi conoscere il tuo fisico e accettarlo anche nelle parti che ti piacciono meno. Avere stile non dipende dal possedere un fisico perfetto, quanto piuttosto dal credere in se stessi.
- SEGRETO n. 3: per migliorare il tuo senso estetico devi imparare a osservare cose e persone con curiosità e passione, tenendo la mente aperta, per poi "registrare" le emozioni che provi, in particolare quelle che ti procurano piacere.
- SEGRETO n. 4: il tuo personaggio interiore è il tuo "fil rouge". È ciò che dà voce alle tue emozioni e, dunque, conferisce un'identità al tuo stile.
- SEGRETO n. 5: osservare e studiare il tuo divo/a preferito/a può essere un gioco divertente per stimolare quelle parti di te che che vorresti tanto tirare fuori, ma che fatichi a esprimere.

CAPITOLO 2:

Come diventare un uomo chic in 8 passi

1° PASSO: vestiti conformemente al contesto

Mentre le donne sono abituate fin da piccole ad avere a che fare con la propria immagine davanti allo specchio, provando il piacere di cambiarsi d'abito anche più volte al giorno, una delle principali pecche del modo di vestire di molti uomini è invece quella di vestirsi sempre nello stesso modo, indipendentemente dall'occasione che si presenta.

Magari non è il tuo caso specifico, ma, poiché sai anche tu che si tratta di un'abitudine piuttosto diffusa, vale la pena spendere due parole in merito, perché molti uomini, una volta individuato il genere preferito, non lo abbandonano mai!

Così capita di vederli in jeans, maglietta e scarpe da ginnastica anche quando invece **potrebbero dare il meglio di loro** con una camicia, un pantalone differente dal solito, una cravatta e una scarpa di pelle; oppure, al contrario, capita di incontrarne altri che vestirebbero in giacca e cravatta persino in cima all'Everest, perché dicono di sentirsi a loro agio solo così.

Il primo segreto per essere chic è capire che le occasioni non sono tutte uguali e il fatto che tu possa vestirti adeguatamente al contesto non può far altro che migliorarti. Non saranno di certo una cravatta e una giacca o un jeans e un maglione a cambiare la tua personalità, perché in qualunque genere di vestiario puoi trovare comunque quello che si adatta meglio al tuo fisico e al tuo gusto!

Non solo. Poiché tutti noi comunichiamo, oltre che con le parole, anche attraverso il corpo e il comportamento e quindi anche attraverso la nostra immagine esteriore, **vestirsi secondo il contesto vuol dire stabilire una sintonia con l'ambiente e le persone che ne fanno parte e, dunque, creare le premesse per una comunicazione vincente**.

Ti faccio un esempio: se lavori per un'azienda dove il dress-code (il codice di abbigliamento) prevede di indossare giacca e cravatta, è inutile discutere. Se hai degli obiettivi da raggiungere in quell'ambito lavorativo, devi osservare tutte le abitudini di quell'ambiente, comprese quelle legate all'abbigliamento. Questo perché, durante qualsiasi processo comunicativo, ciò che rimane impresso nella mente delle persone, prima ancora delle parole, è **l'impressione visiva**. Non si tratta di superficialità, ma di un dato di fatto: l'essere umano è fatto così.

Tuttavia, ci sono due modi per aderire al contesto in cui ti trovi e quindi al così detto "dress code", che regola la comunicazione fra le persone appartenenti a uno stesso ambiente:

- Il primo è un modo passivo, dove ti adegui alle circostanze senza impegnarti più di tanto, indossando il primo abito e la prima cravatta che ti capitano per le mani.
- Il secondo invece è un **modo consapevole**, che nasce dall'importanza che dai a quello che stai facendo e alle persone che ti circondano, ma che tiene conto anche della tua personalità. In pratica, se ti devi vestire in modo formale perché la situazione lo richiede, puoi personalizzare il tuo look con qualche dettaglio particolare, con qualche accessorio o colore speciale che ti dona particolarmente!

SEGRETO n. 6: vestire secondo il contesto significa stabilire una sintonia con l'ambiente circostante e dunque creare le condizioni per una comunicazione vincente.

2° PASSO: riconoscere la qualità e i dettagli di prestigio in tutto quello che scegli, in particolare l'abito o la giacca

Un abito, una giacca, un pantalone, ma anche una camicia, una cintura, le scarpe… non sono tutti uguali, ma si distinguono, oltre che per la loro linea, anche e soprattutto per le loro rifiniture. Anzi, di solito il valore di un oggetto, in questo caso di quello che indossi, è dato più dalla ricercatezza dei dettagli e delle rifiniture che dalla sua forma complessiva.

Questo perché la forma complessiva, come anche il colore, rispecchia principalmente il trend del momento, e quindi la moda, che non solo cambia ogni stagione, ma che, per ragioni di mercato, rende i prodotti tutti piuttosto simili.

I materiali e le rifiniture, invece, sono ciò che spesso fanno la differenza in un prodotto e, quando sono raffinati e di qualità, creano un vero e proprio valore aggiunto, capace di resistere

al passare delle mode e del tempo! Se capisci questo, impari a provare **il sottile piacere di ricercare e scegliere sempre il meglio**, dando spazio ai tuoi gusti, alla tua personalità e coltivando la passione per le tue piccole "manie" o "ossessioni", che sono parte integrante del tuo stile e della tua unicità.

Tanto per farti un esempio: ci sono uomini che indossano solo camicie con il collo morbido del marchio Brook Brothers, oppure solo con il collo alla francese, o ancora solo calze in misto seta, oppure unicamente maglie in cachemire, o scarpe fatte a mano di manifattura inglese... oppure più semplicemente adorano un colore e fanno in modo di averlo il più possibile fra le loro cose, compreso quelle che indossano!

Abituati quindi a osservare come sono fatti i tuoi capi e informati parlando con chi se ne intende. Se fai questo con curiosità e passione, il tuo occhio diventerà esperto nel riconoscere le differenze e tu affinerai man mano il tuo gusto personale, accorgendoti del perché alcune cose ti piacciono più di altre.

SEGRETO n. 7: se ti abitui a riconoscere i dettagli di qualità, che aumentano il valore e il prestigio di quello che indossi, non solo raffinerai man mano il tuo gusto personale, ma sarai anche in grado di caratterizzare il tuo stile in modo inconfondibile.

Anche il modo in cui indossi certi capi costituisce un dettaglio importante. Se ti vesti prevalentemente sportivo o informale, a parte l'attenzione per l'abbinamento dei colori e le proporzioni (oltre ai materiali e le rifiniture, come ti ho appena detto), non dovrai preoccuparti di molto altro.

Ma se invece, per motivi di lavoro, ti vesti prevalentemente con l'abito o la giacca, allora devi per forza fare più attenzione, se non vuoi dare l'impressione di avere un aspetto trasandato oppure, peggio ancora, di esserti messo l'abito di un altro!

Per prima cosa presta attenzione alla **vestibilità** della tua giacca o del tuo abito: devono starti perfettamente, come se si trattasse di un'estensione del tuo fisico.

I punti chiave per capire se un abito o una giacca sono perfetti per te sono:

- **Le spalle**: devono essere comode ma non così larghe da creare un effetto "quadrato".
- **La manica**: deve essere lunga al punto giusto da lasciare intravedere sempre il polsino della camicia, a braccio sia teso che piegato, e deve avere un giro manica che consenta il movimento del braccio, senza che la parte davanti della giacca si sollevi.
- **Il collo**: quello della tua giacca, per far sì che ti vesta in modo perfetto, deve darti la sensazione di andare in avanti e non di "scappare" all'indietro. Inoltre deve lasciar intravedere il collo della camicia di 1-2 cm nel punto posteriore sotto la nuca.
- **Il busto**: deve essere sufficientemente comodo da portare la giacca allacciata con il bottone di mezzo anche quando ti siedi, ma non deve essere eccessivamente larga.
- **Il pantalone**: non deve ingrossarti, bensì assecondare i muscoli delle tue gambe, mettendoli leggermente in evidenza. La sua lunghezza deve, nella parte posteriore, arrivare a dove comincia il tacco in alto, cioè nel punto di attaccatura della scarpa, mentre davanti deve essere un po' più corto che dietro,

in modo da non fare troppe "smorfie". Se si tratta invece di un pantalone con il fondo decisamente più stretto del normale, allora la lunghezza totale deve essere più corta, in modo da non afflosciarsi troppo sulla scarpa.

SEGRETO n. 8: il segreto per capire se un abito o una giacca sono perfetti per te è dato dalla vestibilità delle spalle, della manica, del collo, del busto e del pantalone.

Per trovare l'abito che soddisfa questi requisiti, devi avere un po' di pazienza e fare delle prove, indossando capi di marchi diversi fin quando individui quello che fa per te.

Ma l'unico modo per avere la certezza matematica che un abito ti vesta in modo impeccabile è scegliere un capo di manifattura **sartoriale, cioè fatto su misura**, anziché di produzione industriale. Gli uomini più chic scelgono solo abiti su misura.

Tutto questo è per dirti che, se è vero che un uomo con l'abito o la giacca si salva sempre in qualsiasi occasione, **non è altrettanto vero che gli abiti e le giacche sono tutti uguali e basta**

comprare il primo che ti capita o che abbia il prezzo più abbordabile per credere di essere a posto.

Un uomo con un abito o giacca sbagliata balza subito all'occhio… anche a quello meno esperto! Quindi, investi un po' del tuo tempo in ricerche mirate e fai diverse prove davanti allo specchio. Quando trovi il capo quello che ti fa sentire comodo, naturale, non impacciato ma disinvolto e soprattutto che ti sta a pennello, cioè che **asseconda perfettamente la tua silhouette esaltandola**, allora vuol dire che è quello giusto!

Ancora due cose a proposito dell'abito: un uomo chic non toglie mai la giacca, nemmeno durante un pranzo o una cena e, in modo particolare, in presenza di una donna. Infine l'ultimo bottone in basso della giacca non va mai allacciato e ricordati anche di non mettere le mani nelle tasche dei pantaloni!

3° PASSO: l'importanza degli accessori e in particolare di scarpe, cinture e borse

Un uomo chic non indossa mai scarpe all'ultima moda. Se proprio hai voglia di toglierti uno sfizio modaiolo, scegli una t-shirt, una polo o una sciarpa, ma mai e poi mai scarpe esageratamente di moda (per esempio con la punta, troppo lucide o di colori strani), anche se si tratta di scarpe sportive.

La scarpa di un uomo chic è indubbiamente una moderna, cioè ha tutte le caratteristiche di un prodotto aggiornato nella forma, nel materiale e nel colore, **ma fondamentalmente è una scarpa classica!** Nota bene: classico, non vuol dire vecchio, ma semmai **che non passa mai di moda e che puoi abbinare a molte cose!** Ricordi i "permanent fashion" di cui ti ho parlato nel primo capitolo?

Il colore delle scarpe deve essere sempre più scuro dei tuoi abiti e più avanti ti parlerò di come abbinarle con le calze e tutto il resto.
Il massimo della raffinatezza in fatto di scarpe maschili è rappresentato dalle Church's, che sono cazature inglesi fatte esclusivamente a mano. Ma, senza arrivare a tanto, esistono sul mercato prodotti altrettanto validi.

Una scarpa di qualità ha sempre la suola in cuoio ed è, almeno parzialmente, cucita a mano. Inoltre, la scarpa di un uomo chic è sempre pulita, cioè priva di eventuali residui di polvere o fango, è lucidata, ma mai luccicante!

SEGRETO n. 9: la scarpa di un uomo chic è moderna, ma fondamentalmente classica. Classico non significa "vecchio", ma che contiene caratteristiche resistenti al passare della moda e del tempo.

Al colore della scarpa devi sempre abbinare la **cintura**, che non deve avere mai un aspetto troppo consumato e con le cuciture rovinate. Una cintura che si rispetti ha la fibbia cucita nel pellame e non fermata da una vite, inoltre ha la parte interna foderata di una pelle più sottile e più morbida.

Per quanto riguarda la **borsa,** se si tratta di un modello per il tempo libero, in linea di massima può andar bene qualunque genere, purché sia in tono con il tuo look. Mentre, per quanto riguarda quella da lavoro, **un uomo chic non sceglie mai una ventiquattrore qualunque, bensì una cartella in cuoio!**

Ancora una cosa a proposito di scarpe: d'estate un uomo giovane, dall'aspetto curato nei capelli e nella barba, vestito in modo informale, cioè senza la giacca e la cravatta, ma con una bella camicia di lino bianca e dei pantaloni adeguati, anche di jeans, può essere anche molto chic con un sandalo infradito!

Attenzione però: è importante che tu abbia al massimo trent'anni, un aspetto curato e non trasandato e, naturalmente, che non stia andando a lavorare!

4° PASSO: l'importanza di scegliere le calze giuste e di abbinarle correttamente con scarpe e abiti

Le calze di un uomo devono essere rigorosamente lunghe e scure, salvo che tu non vada a correre o giocare a tennis: quelle sono le uniche occasioni in cui puoi osare un calzino corto e bianco.

D'estate, quando lavori sia in ufficio sia fuori, devi indossare sempre le calze, anche se la temperatura è di 40 gradi. Puoi toglierle invece nel tempo libero, oppure con i mocassini in camoscio o di pelle morbida. In questi casi è lecito indossare i fantasmini, a patto però che non spuntino dalla scarpa!

Ma come abbinare il colore delle calze con quello delle scarpe e tutto il resto? **Il colore delle tue calze deve essere in tono con il colore della scarpa oppure con quello del pantalone o della giacca.**

Ti faccio un esempio: se sei vestito tutto di blu, la tua scarpa dovrà essere nera, oppure marrone scuro testa di moro, e le tue calze in entrambi i casi dovranno essere blu. Se sei vestito di grigio, le tue scarpe potranno essere nuovamente nere o testa di moro, mentre le calze saranno grigio scurissimo.

Se invece indossi una giacca blu con un pantalone beige e una scarpa marrone, la tua calza dovrà essere blu scuro come la giacca e mai, nel modo più assoluto, né beige, né marrone. Se invece anche la tua giacca è beige come i pantaloni, le tue scarpe dovranno essere per forza marrone: questo è l'unico caso in cui puoi mettere una calza marrone, purché sia scura come la scarpa.

SEGRETO n. 10: le calze di un uomo devono essere sempre rigorosamente scure, lunghe e abbinate in tono con il colore della scarpa, del pantalone o della giacca.

In sostanza, riempi il tuo cassetto esclusivamente di calze scure e non sbaglierai. Ma la vera “chiccheria” che ti identificherà come un uomo veramente raffinato sarà quella di **abbinare le tue calze al colore della cravatta**. Potrebbe trattarsi di un abbinamento basato sul colore oppure sul disegno, come a esempio riga con riga o una calza che riprende il colore prevalente del disegno della cravatta.

Devi essere molto rigoroso nella scelta e fare delle prove: piuttosto che un abbinamento sbagliato è meglio un abbinamento tradizionale!

5° PASSO: scegli accuratamente la tua cravatta

Il colore e il disegno della tua cravatta rivelano i segni della tua personalità. Per questo, prima ancora di scegliere quella che più ti piace, è importante che ti chieda se essa è funzionale a quello che vuoi esprimere di te e al contesto con cui avrai a che fare, soprattutto in un ambiente lavorativo.

La cravatta deve emergere dalla tua camicia ma, nello stesso tempo, armonizzarsi con tutto il resto. In generale i disegni piccoli con soggetti geometrici sono sempre più eleganti, oltre che facili da abbinare.

Un uomo chic sceglie prevalentemente cravatte in seta, fatte a mano secondo la tradizione delle **"sette pieghe"**, che consiste in un unico pezzo di stoffa ripiegato ben sette volte e rifinito con pochissime cuciture, fatte sempre a mano. Il marchio napoletano "Marinella" è uno dei più prestigiosi in merito e vanta una fama mondiale, a cui attingono uomini famosi e potenti da ogni parte della terra.

Se ti piace l'idea, puoi anche abbinare la cravatta al fazzoletto da taschino: crea un collegamento cromatico, **ma senza utilizzare lo stesso disegno di tessuto**. La pochette bianca invece è perfetta per le occasioni più eleganti e formali.

SEGRETO n. 11: la cravatta di un uomo chic è preferibilmente in seta, realizzata secondo il metodo delle "sette pieghe". Il marchio napoletano "Marinella" è il principale rappresentante in tutto il mondo.

6° PASSO: assumi un atteggiamento disinvolto, diventa più sicuro di te e adotta un portamento fiero

Essere chic non vuol dire adottare un cliché, ma essere naturalmente elegante. Quindi, adottare un atteggiamento tutt'altro che "ingessato", come si dice in questi casi, ma semplice e disinvolto.

Un uomo è chic quando è capace di passare con nonchalance da un abito elegantissimo a un paio di jeans o, addirittura, agli scarponi da montagna. Ma, per essere disinvolto e quindi sicuro di te, devi sapere a cosa vai incontro.

Che cosa significa? Significa fondamentalmente due cose:

- La prima riguarda la conoscenza di te stesso, di quello che vuoi per te e che intendi realizzare nella vita. Per imparare a sentirti sicuro di te, devi entrare in azione, spingendoti fino al punto di fare proprio quelle cose che ti spaventano o ti intimidiscono. Ciò vuol dire assumerti le tue responsabilità e scegliere.
- La seconda riguarda invece tutto quello che puoi conoscere al di fuori di te. A proposito di abbigliamento, se sai quello che

indossi e perché lo hai scelto, se ne conosci il valore e ne apprezzi i dettagli e le rifiniture, allora ti sentirai più disinvolto, sicuro e adeguato a qualsiasi situazione.

La chiave di tutto è conoscere se stessi per adattare la moda alle proprie regole personali. Ecco, sentirsi disinvolti vuol dire questo: sapere quello che si vuole e sapere come fare per procurarselo!

SEGRETO n. 12: il segreto dell'eleganza sta nel saper adattare la moda alla tua personalità. Per fare questo devi conoscere te stesso e quello che desideri per te.

Anche **il tuo portamento**, cioè il modo in cui ti muovi e cammini, **è importante**: più il tuo portamento sarà eretto, con le spalle in fuori e la pancia in dentro, accompagnato da un passo sicuro, ma nello stesso tempo disinvolto, più avrai un aspetto elegante, qualsiasi cosa avrai addosso! **Ricorda: non sono solo i tuoi pensieri a condizionare il tuo comportamento, ma anche il modo in cui usi il tuo corpo!**

7° PASSO: presta massima cura all'igiene personale e alla buona educazione con le altre persone

Prima ancora di pensare alla tua bellezza fisica, preoccupati di essere ordinato. Un uomo elegante ha sempre un aspetto pulito e curato. Coloro che ti passeranno accanto lo noteranno e lo apprezzeranno, quindi non dimenticarti dei riti quotidiani davanti allo specchio, prima di uscire da casa.

Potresti indossare anche l'abito più firmato e prestigioso che esista in commercio, ma se non hai i capelli in ordine, puliti e pettinati, le unghie corte e pulite, i denti altrettanto puliti e possibilmente a posto, l'impressione finale sarà comunque quella di un uomo trasandato e trascurato. Cura anche tutto ciò che ha a che fare con i peli visibili come barba, baffi e basette, senza dimenticare quelli che potrebbero uscire da naso, orecchie o girocollo della t-shirt e che dovranno essere domati, tagliati o estirpati.

Fai la doccia tutti i giorni, rinnova il tuo intimo ogni giorno e cambia la tua camicia ogni giorno! Anche se possiedi venti camicie tutte uguali perché hai gusti molto precisi, cambiati spesso, **perché le persone che ti stanno accanto non daranno eccessivamente peso al fatto che porti sempre la camicia dello stesso colore, ma che emani un senso di freschezza e pulizia, sì**. In fondo è quello che ci si aspetta da un uomo!

Infine attenzione a non esagerare con i profumi. Un uomo non è chic solo perché mostra buon gusto nel vestire, ma anche perché sa relazionarsi bene con gli altri. È educato e gentile senza essere pedante; sa sorridere e mostrare interesse per le persone con cui ha a che fare, preoccupandosi di farle sentire a loro agio, ma sempre con molta discrezione e dunque senza esagerare!

Un uomo chic sa che, se esprime personalmente l'iniziativa di invitare una donna o una qualunque altra persona a cena, offrirà lui e non cederà mai alla tentazione di pagare "alla romana", che è un gesto notevolmente poco raffinato.

Mentre, quando è invitato a cena, non arriva mai a mani vuote, bensì sempre con un piccolo regalo per la/il/i padroni di casa o per la cena stessa, come a esempio un piccolo mazzo di fiori, oppure una bottiglia di vino o un dolce.

Un uomo chic si toglie sempre gli occhiali da sole quando si presenta a qualcuno e soprattutto non li ostenta portandoli in continuazione in qualunque luogo, compreso al chiuso. Non abusa di telefonino, iPod, iPhone ecc. in presenza di altre persone.

SEGRETO n. 13: un uomo che "sa di fresco e pulito" è molto apprezzato da chiunque e in qualsiasi ambiente. Essere chic non significa solo vestire elegantemente, ma anche relazionarsi bene con gli altri attraverso piccoli gesti e attenzioni.

8° PASSO: dimostra originalità di pensiero e il coraggio di osare

Un uomo è chic non solo per come si veste, ma anche per come pensa. Spesso gli uomini considerati molto eleganti sono anche piuttosto eccentrici, sia nel loro aspetto esteriore sia nel loro modo di pensare.

Questo è per dirti che, anche se conosci le regole dell'eleganza e delle buone maniere, non farti influenzare dal branco, ma sii te stesso, difendi le tue opinioni e, se è importante per te, sii

anche anticonformista! Essere chic vuol dire conoscere le regole dell'eleganza e della buona educazione, ma non per questo significa piegarsi al conformismo.

Il vero segreto è capire quando è utile applicare le regole e quando invece è possibile cambiarle, adattandole alla tua personalità, ma rispettando comunque il buongusto e la libertà altrui.

Pensa a un uomo come il duca di Windsor: un uomo notoriamente elegante, ma nello stesso tempo anche molto eccentrico. Egli amava indossare calze a righe o a fantasia con completi gessati e camicie a quadretti: cosa impensabile negli anni '30 e '40. Certo, sapeva farlo molto bene, ma sicuramente non viveva in un ambiente in cui il suo anticonformismo era visto di buon occhio. Eppure ha avuto, a modo suo, il coraggio di osare, rivelandosi, a distanza di anni, un precursore di molta moda maschile di oggi!

Sappi che non esiste un canone specifico e universale dell'essere chic: ogni persona può esserlo con il proprio tocco speciale e dunque anche con una buona dose di eccentricità. In questo senso, non c'è nessun limite alla raffinatezza, che può trasformarsi anche in un'ossessione per la ricerca del bello e della perfezione dei particolari, come hanno fatto a esempio D'Annunzio e Wilde ai loro tempi.

Quello che voglio dirti in pratica è che un uomo raffinato ha sempre le sue piccole o grandi ossessioni da cui non si separa mai! A te dunque la scelta e la voglia di coltivare la tua ricerca personale verso ciò che più ti piace e ti appassiona!

SEGRETO n. 14: Un uomo chic, pur conoscendo perfettamente le regole dell'eleganza, sa anche andare controcorrente, se lo ritiene necessario. Questo perché non esiste un canone specifico e universale dell'essere chic, ma chiunque può esserlo grazie al proprio tocco unico e speciale.

RIEPILOGO DEL CAPITOLO 2:

- SEGRETO n. 6: vestire secondo il contesto significa stabilire una sintonia con l'ambiente circostante e dunque creare le condizioni per una comunicazione vincente.
- SEGRETO n. 7: se ti abitui a riconoscere i dettagli di qualità, che aumentano il valore e il prestigio di quello che indossi, non solo raffinerai man mano il tuo gusto personale, ma sarai anche in grado di caratterizzare il tuo stile in modo inconfondibile.
- SEGRETO n. 8: il segreto per capire se un abito o una giacca sono perfetti per te è dato dalla vestibilità delle spalle, della manica, del collo, del busto e del pantalone.
- SEGRETO n. 9: la scarpa di un uomo chic è moderna, ma fondamentalmente classica. Classico non significa "vecchio", ma che contiene caratteristiche resistenti al passare della moda e del tempo.
- SEGRETO n. 10: le calze di un uomo devono essere sempre rigorosamente scure, lunghe e abbinate in tono con il colore della scarpa, del pantalone o della giacca.

- SEGRETO n. 11: la cravatta di un uomo chic è preferibilmente in seta, realizzata secondo il metodo delle "sette pieghe". Il marchio napoletano "Marinella" è il principale rappresentante in tutto il mondo.
- SEGRETO n. 12: il segreto dell'eleganza sta nel saper adattare la moda alla tua personalità. Per fare questo devi conoscere te stesso e quello che desideri per te.
- SEGRETO n. 13: un uomo che "sa di fresco e pulito" è molto apprezzato da chiunque e in qualsiasi ambiente. Essere chic non significa solo vestire elegantemente, ma anche relazionarsi bene con gli altri attraverso piccoli gesti e attenzioni.
- SEGRETO n. 14: un uomo chic, pur conoscendo perfettamente le regole dell'eleganza, sa anche andare controcorrente, se lo ritiene necessario. Questo perché non esiste un canone specifico e universale dell'essere chic, ma chiunque può esserlo grazie al proprio tocco unico e speciale.

CAPITOLO 3:

Come diventare una donna chic in 8 passi

1° PASSO: conosci te stessa e il tuo corpo, dopodiché stabilisci le tue regole

Una donna chic non si adatta alla moda, ma adatta la moda alla sua personalità, anche se forse le costa un po' di fatica perché più dell'uomo deve fare i conti ogni stagione con le tentazioni della moda, che propongono nuove suggestioni di colori, lunghezze, larghezze, tacchi ecc.

Tuttavia una donna elegante (come d'altronde anche un uomo elegante) non si piega alle regole transitorie e fugaci della moda, ma stabilisce le proprie.

Più dell'uomo è curiosa di sapere cosa va e cosa non va, di informarsi su cosa offre il mercato, di osservare riviste, negozi, sfilate, ma poi fa di testa sua **perché sa che la moda passa, mentre lo stile rimane e che lei è più importante dell'abito che**

indossa! Tutto questo è per dirti che per stabilire le tue regole personali devi sapere bene **cosa è perfetto per te**, cioè cosa ti valorizza e cosa invece potrebbe mettere in evidenza i tuoi difetti.

In questo senso è importante che impari a entrare in confidenza con il tuo specchio, senza essere troppo dura con te stessa, trattandolo semplicemente come se si trattasse di un **tuo alleato. Anche i tuoi abiti sono alleati, perché sono strumenti nelle tue mani, ma per renderli tali devi conoscere bene il tuo corpo e amarlo.**

Ricorda che il meglio di te lo puoi dare solo quando dimostri di volerti bene. Se ti accetti, se impari a stare bene nella tua pelle, che tu sia magra, alta, bassa, o robusta, giovane o meno giovane non conterà niente, perché ciò che si noterà per prima cosa di te è che stai bene con te stessa.

Stare bene con se stessi è contagioso per chi ci guarda, poiché le persone sono attratte più dal nostro carisma che da quello che ci mettiamo addosso. Tuttavia, poiché gli abiti sono degli strumenti nelle nostre mani, e più precisamente una forma di comunicazione non verbale, inevitabilmente essi parlano noi. Ti sembrerà strano quindi, ma per far sì che emerga la tua persona, devi vestirti bene. Aveva ragione Coco Chanel quando diceva che, in una donna o in un uomo ben vestiti, ciò che si nota per prima cosa è la persona!

Ma cosa vuol dire "essere vestiti bene"? Vuol dire sentirti in **armonia** con quello che indossi, perché hai scelto il meglio, quello che ti valorizza e ti fa sentire a tuo agio!

Il primo passo dunque è partire dalla conoscenza del tuo corpo, che non significa metterti davanti a uno specchio e giudicarti duramente, ma capire con semplice obiettività quali sono i tuoi punti di forza e quelli di debolezza.

Ricorda che i tuoi punti di forza non sono solo quelle parti del tuo corpo che rientrano nei canoni tradizionali, ma sono soprattutto quelli che ti piacciono di più e che quindi ti caratterizzano.

In questo senso non è detto che ciò che apparentemente ti sembra un difetto devi essere necessariamente mascherato. Poiché **il**

segreto principale della bellezza è accettarsi e piacersi (se non completamente, almeno a sufficienza). Potresti quindi decidere di non preoccuparti più di tanto del tuo "difetto", mostrandolo con disinvoltura e persino con orgoglio.

Più ti accetti e ti piaci, più probabilità hai di piacere e apparire bella, anche se non rientri nei canoni tradizionali. Imparando a stare bene nella tua pelle e a prenderti cura di te, ti accorgerai che i tuoi abiti non sono altro che una semplice e naturale conseguenza di ciò che senti e di come ti percepisci. Sono, più precisamente, un'estensione della tua personalità.

C'è una frase bellissima della famosa Diana Vreeland che dice: «L'eleganza è nella mente di una persona; tutto il resto, i suoi abiti e il suo comportamento sono solo una conseguenza!»

SEGRETO n. 15: una donna chic non si piega alle regole della moda ma stabilisce le proprie. Per fare questo conosci te stessa e il tuo corpo e impara a valorizzare le tue parti migliori, senza pensare continuamente a ciò che ti piace meno!

2° PASSO: evita accuratamente tutto ciò che è eccessivo, anche nel comportamento

Questo non significa che devi auto-censurarti e diventare triste e dimessa, per carità, ma vuol dire semplicemente applicare un po' di moderazione e buon senso. Se hai voglia quindi di qualche tocco glamour, come a esempio un paio di orecchini chandelier oppure qualche altro accessorio un po' pazzo, va benissimo!

Ciò che conta è dosare e adeguare in modo armonico il tuo abbigliamento al contesto con cui hai a che fare, al tuo fisico e alla tua età.

In ogni caso, su qualunque fisico e a qualunque età, non è affatto chic portare gonne esageratamente corte con tacchi troppo alti, oppure scollature mozzafiato, magari con il push-up che spunta, per non parlare della pancia scoperta e dei glutei che fuoriescono dai pantaloni troppo a vita bassa, che, per quanto ormai decisamente fuori moda, si vedono ancora!

Quando sei indecisa davanti allo specchio, perché qualcosa non ti convince, sappi che in fatto di eleganza "meno" è sempre meglio di "più", per cui non temere di togliere anziché aggiungere.

La **semplicità vince sempre.** Una donna chic conosce bene il suo corpo e sa valorizzarlo, ma a piccole dosi. Scegli, quindi, cosa ti piace di più del tuo fisico e punta solo su quello, oppure dai risalto di volta in volta a una delle tue parti migliori, **ma non metterle mai in evidenza tutte insieme.**

Che si tratti del tuo décolleté, delle tue gambe, oppure del tuo fondoschiena… puoi valorizzarli moderatamente, **suggerendo le loro forme** anziché rendendole palesemente visibili. Le forme suggerite fanno lavorare l'immaginazione molto più di ciò che è apertamente dichiarato e questo ti renderà più seducente, oltre che più elegante.

Inoltre una donna raffinata **non mette mai in mostra** il marchio delle cose che indossa, non si vanta mai di quello che ha e non si lamenta di quello che non ha!

SEGRETO n. 16: impara a valorizzare il tuo corpo a piccole dosi, dando risalto di volta in volta a una delle tue parti migliori o che ami di più, senza metterle mai in evidenza tutte insieme.

3° PASSO: possedere dei "permanent fashion" cioè avere dei capi classici nell'armadio

Indipendentemente dallo stile di vita che conduci, dal lavoro che fai e anche dal fatto che ti piaccia la moda, per cui ogni stagione non manchi di concederti qualche novità del momento, sappi che **il guardaroba di una donna chic è composto prevalentemente da capi classici.**

Attenzione: "classico" non vuol dire vecchio, ma piuttosto "senza tempo" e con caratteristiche di alta qualità per quanto riguarda tessuti e rifiniture. Classico è il contrario di tutto ciò che è esageratamente trendy, quindi classici sono i capi dalla linea semplice e pulita, senza fronzoli, senza stampe appariscenti, bensì realizzati in tessuti di buona qualità, in colori passepartout (come il nero, il bianco, il blu, il beige o il grigio) e comunque rinnovati nelle loro proporzioni.

Certo: **perché anche il classico si rinnova nel tempo**, ma meno velocemente della moda! Nel senso che un cappotto o una giacca classici di oggi non sono identici a quelli di vent'anni fa, poiché nel frattempo sono cambiate le proporzioni, le lunghezze e i volumi. Assicurati dunque che i tuoi classici siano comunque sempre attuali.

Con questo genere di capi, grazie alla loro semplicità e versatilità, puoi abbinare qualunque altra cosa, persino gli sfizi modaioli che hai voglia di toglierti di stagione in stagione, ma non dimenticare che **una donna chic non è per le esagerazioni.**

Passiamo dunque in rassegna i "permanent fashion" che non puoi farti mancare. È indubbio che in questo caso il **colore nero** faccia la parte del leone, dal momento che più o meno sta bene a tutte e risolve qualunque incertezza. In questo colore non puoi fare a meno di avere almeno **otto capi indispensabili**:

- un cappottino corto al ginocchio;
- un tailleur composto di giacca con gonna o pantalone;
- una giacca super-femminile avvitata e corta al primo fianco da portare con tutto, dal giorno alla sera e con i jeans;
- un abito al ginocchio che metta in risalto la tua silhouette (con maniche o senza, aderente o appena sagomato, scollato o accollato, sexy o castigato… scegli tu);
- una gonna a tubino al ginocchio con o senza spacco;

- un pantalone sportivo, stretto al fondo da giorno (tipo jeans);
- un pantalone elegante, di linea morbida;
- un twin-set in maglia che puoi portare sia a completo sia sciolto.

Oltre ai capi neri, è molto importante avere anche qualcosa di **bianco**. Per esempio:

- Una **camicia bianca** nel tuo guardaroba è irrinunciabile, anche perché spesso risolve qualunque abbinamento. Di cotone o di seta, di linea maschile oppure con pizzo: l'ideale sarebbe averne una in ogni versione.
- Una t-shirt bianca (sia a maniche corte, sia a maniche lunghe) da indossare al posto della camicia sotto la giacca o sotto un piccolo pull.
- Poiché il bianco può avere molte sfumature, anche un **cappottino bianco avorio** portato con accessori neri può essere molto chic!
- Lo stesso discorso vale per un piccolo trench al ginocchio, o anche più corto, da usare quando non è più stagione del cappotto.

Per quanto riguarda invece i colori come il blu, il beige e il grigio, devi valutare tu stessa il capo in sé, anche perché, pur trattandosi di colori neutri, non stanno bene e non piacciono a tutte. Dunque in questo caso valuta se sono colori che ti donano e se si tratta di capi che hanno una funzione precisa.

SEGRETO n. 17: non farti mai mancare nell'armadio qualche bel capo classico (i così detti "permanent fashion"), in colori e forme passepartout che puoi abbinare con tutto, compresi i capi più trendy.

4° PASSO: impara a mescolare capi e accessori di diverso genere, periodo e prezzo

Come ti ho già detto, quello che conta per essere elegante e chic è **individuare le tue regole personali**. Ciò significa prendere dalla moda solo il meglio che fa per te e quindi che ti valorizza, dopo di che devi lavorare con la tua testa e la tua immaginazione.

Per fare questo non temere di mescolare capi e accessori comprati qua e là, in quanto essere vestita firmata da capo a piedi non è indice di stile, ma di poca personalità. Se hai un armadio abbastanza capiente, una buona abitudine per coltivare il tuo stile è di non buttare mai (o quasi...) ciò che consideri vecchio o passato di moda, in modo da tirare fuori all'occorrenza il pezzo giusto e, perché no, magari vantandoti anche del fatto che si tratta di **un vecchio acquisto fatto a regola d'arte!**

A questo proposito, devo dirti che, personalmente, anche se capisco che liberare l'armadio dagli scheletri è utile oltre che per l'armadio anche per la mente, ogni volta che ho buttato qualcosa ho finito sempre per pentirmene. Valuta bene, quindi, cosa tenere o meno e, visto che prima ti ho parlato di capi classici, ricorda che questi dovrebbero essere in ogni caso gli ultimi a essere abbandonati.

Un altro accorgimento importante consiste nel cercare di non essere mai all'ultima moda! Uno stilista, di cui sinceramente non ricordo il nome, disse che, quando trovi un capo alla moda che ti piace tanto, dovresti avere il coraggio di comprarlo per lasciarlo nell'armadio almeno due anni prima di indossarlo!

Trovo quest'affermazione geniale ed estremamente divertente e poi non così difficile da mettere in pratica. Come? Per esempio con quei capi veramente originali, che mantengono inalterata la loro bellezza nonostante il passare del tempo.

SEGRETO n. 18: mescola capi e accessori di diverso genere, periodo e prezzo e imponiti di non essere mai all'ultima moda!

5° PASSO: due cose su scarpe e borse

Non ho dubbi circa il fatto che, essendo una donna, facilmente ti piacerà cambiare tipo di scarpe e che, naturalmente, sai benissimo **che una scarpa ha il potere di valorizzare al massimo tutto il tuo look, oppure di svilirlo completamente.** Tuttavia è molto importante che, oltre al genere, impari anche a cambiare l'altezza del tuo tacco in base all'occasione.

Di giorno vanno benissimo le ballerine o tutto ciò che ha il tacco basso, ma per certe occasioni, se il tacco 12 proprio non fa per te, dovresti osare almeno un tacco 5 o 7. Le scarpe con il tacco non sono più chic di quelle senza tacco, intendiamoci, ma certamente aiutano a valorizzare la tua femminilità e ti obbligano a concentrarti un po' di più sul tuo portamento.

Quando però è proprio il caso di mettere una scarpa col tacco alto? Bene, **più il contesto è formale e più la scarpa con il tacco è vincente.** Il che non significa per forza un tacco 12: anche un tacco di 6 centimetri fa la sua figura.

Vuoi mettere se, per esempio, ti trovi a una cena elegante con un uomo, oppure a una cena di lavoro, dove tutti i tuoi colleghi sono in giacca e cravatta e magari in abito blu… Come ti sentiresti tu al meglio della tua femminilità? Io credo che con un tacco ti sentiresti al top. Di conseguenza, dal sentirti femminilmente al top ad apparire più chic che mai il passo sarà veramente breve.

Non dimenticare inoltre che, nelle occasioni importanti, le tue calze devono essere super velate (tipo 15 denari) e mai e poi mai spesse come le praticissime 40 denari, che terrai invece solo per le occasioni ordinarie!

Fra i sandali non dovresti farti mancare un paio di infradito, in quanto sono perfetti per un look sia sportivo che elegante, in città come al mare.

Per quanto riguarda le borse, invece, spesso per noi donne cambiare borsa è una seccatura, perché si tratta di travasare mezza casa. Tuttavia, come per le scarpe, è importante scegliere quella adeguata all'occasione.

Non è bello, infatti, andare a una cena vestita elegantemente con la stessa borsa che hai usato per andare in ufficio. **Non è indispensabile che sia dello stesso colore delle scarpe, ma è importante che sia dello stesso genere: elegante, sportiva o da sera.**

SEGRETO n. 19: per le occasioni importanti scegli una scarpa con il tacco alto e le calze velatissime, poiché mettono in risalto il tuo portamento e quindi anche la tua femminilità.

6° PASSO: il portamento, il sorriso e la semplicità

Un altro elemento importantissimo, che contribuirà a renderti più chic, è sicuramente il tuo portamento. Pensa a come cammini, a come tieni la schiena quando sei in piedi e seduta, quindi impegnati ad avere una postura diritta.

Un buon modo per abituarti ad avere una postura diritta è quello di metterti in piedi con schiena e talloni contro il muro e di spingere indietro il più possibile le tue spalle; stringi i glutei e fai in modo che tutto il tuo corpo aderisca alla parete, dopodiché staccati e prova a camminare mantenendo la postura diritta.

Occhio però a non assumere un atteggiamento altero e distaccato, poiché una donna distante, e peggio ancora superba, anche se ben vestita, è quasi impossibile che venga percepita come una persona chic. **Mentre al contrario ci viene quasi naturale affermare che una persona è chic quando, oltre a colpire favorevolmente il nostro sguardo, è anche affabile, alla mano, simpatica.**

E come puoi dimostrare tutto questo a pelle? **Sorridendo e facendo sentire importante chi ti sta vicino**, smettendo di pensare continuamente a quello hai addosso e, peggio che mai, cercando di specchiarti ovunque, bensì rilassandoti e comportandoti il più naturalmente possibile.

Il sorriso è la prima arma di seduzione di una persona e soprattutto di una donna, poiché trasmette apertura, accessibilità e sa mettere a proprio agio chi le sta intorno.

Essere chic non significa essere tutta di un pezzo, ma vuol dire apparire semplice e disinvolta, **come se tutto quello che hai fatto lo avessi fatto senza pensarci troppo su.** Vuol dire passare come per magia da un tacco altissimo alla scarpa da ginnastica, o allo scarpone da montagna se l'occasione lo richiede, sentendoti sempre perfettamente a tuo agio.

SEGRETO n. 20: essere chic non vuol dire assumere un atteggiamento distaccato e superbo, ma dimostrarsi semplici e accessibili.

7° PASSO: la cura del make-up, dei capelli, la scelta del profumo e dei gioielli

Come per i tuoi abiti, anche per il make-up vale la regola di mettere in luce una parte del viso piuttosto che un'altra, non tutto insieme. Scegli quindi un **trucco garbato**: se decidi di mettere in evidenza lo sguardo truccandolo molto, trucca invece pochissimo la bocca e viceversa.

Per quanto riguarda i tuoi capelli, punta su un'acconciatura che **valorizzi il tuo viso** e il messaggio che vuoi trasmettere: sciolti, legati, raccolti oppure corti, ciò che conta è che siano perfettamente puliti e possibilmente con un aspetto naturale.

Evita dunque le tinte troppo aggressive e i tagli troppo asimmetrici che, alla fine, soddisfano solo la creatività del tuo parrucchiere. Scegli invece un colore che si avvicini il più possibile al tuo colore naturale. Lo stesso vale per la piega, che deve assecondare l'andamento del tuo capello. Se forzi i capelli da ricci a lisci o viceversa, ottieni nel tempo il risultato di rovinarli nella loro lucentezza e corposità.

Anche le unghie delle mani e dei piedi devono avere un aspetto naturale. Dunque, se proprio non puoi fare a meno della comodità del french manicure, scegli almeno una soluzione con unghie corte e smalto trasparente, evitando accuratamente tutte le varietà di unghie fantasia che si vedono in giro ultimamente.

Per la sera, invece, se hai voglia di uno smalto rosso coprente, non ci sono problemi, anzi va benissimo. In ogni caso sappi che **una mano curata e con unghie naturali**, non troppo lunghe, ma che sporgono dai polpastrelli al massimo di 2 - 3 mm, è sempre perfetta. 3 millimetri non sono pochi: fai la prova, se non mi credi!

E per il profumo? Scegli quello che d'istinto ti pace di più, ma anche in questo caso non esagerare. Un modo carino per emanare profumo in modo leggero, durante qualsiasi movimento che fai, è quello di **spruzzarlo nell'aria e poi di entrarci dentro come se fosse una nuvola.**

Se porti gli occhiali da vista, anche in questo caso ricorda che l'eleganza è sempre una questione di equilibrio, quindi cerca di non appesantire i tratti del tuo viso con orecchini troppo voluminosi. Se invece non puoi fare a meno di orecchini appariscenti, scegli una montatura d'occhiali visivamente leggera. Per quelli da sole invece non ci sono regole!

Per quanto riguarda i gioielli, ricorda che l'eleganza di una donna non è data dal valore dei suoi gioielli. Esistono gioielli veri e molto costosi che possono risultare piuttosto volgari esteticamente, e gioielli finti o più semplicemente bijoux che risultano invece veramente armoniosi ed eleganti.

Come si è soliti dire: ciò che conta è "come li porti" e soprattutto il fatto che ne indossi pochi per volta, anzi pochissimi! Meglio un gioiello di buon gusto che tanti di scarsa qualità. Non dimenticare che, mai come nell'eleganza, vale il detto **«Less is more»** che significa «Meno è meglio»! E, per renderti il concetto ancora più palese, pensa a parole come: **sobrietà, semplicità, essenzialità, linearità.**

SEGRETO n. 21: l'eleganza è una questione di equilibrio, quindi, come nell'abbigliamento, anche per quanto riguarda il make-up, l'acconciatura, l'uso del profumo e la scelta dei tuoi gioielli vale il principio della moderazione. Ricordati sempre che «Less is more»!

8° PASSO: impara a rinnovarti consapevolmente

C'è un segreto importante che devi conoscere: per essere chic e avere sempre stile devi cercare di **rinnovarti poco per volta** nel tempo, cambiando in modo sapiente qualche piccolo dettaglio della tua immagine. Infatti, strano ma vero, **per rimanere fedele a te stessa è necessario che impari a rinnovarti dolcemente,** stando al passo non solo con i tempi che cambiano, ma anche con l'evoluzione della tua vita personale.

Le scelte di stile che fai a vent'anni non possono essere le stesse di quando ne hai quaranta e questo devi prenderlo come un fatto naturale, che rientra in un normale processo di evoluzione di una persona. Ostinarti dunque a vestirti come una ventenne, solo perché magari hai la fortuna di avere un fisico che te lo consente, non ti farà apparire più bella, ma ti farà sembrare più che altro "fuori tempo massimo", in quanto viso, mani e capelli non tradiscono.

Con il passare del tempo, il pigmento della tua pelle, come anche quello dei capelli, cambia e di conseguenza il colore, il tono e l'elasticità mutano visibilmente! **Ma ogni età ha la sua bellezza** e dopo i quarant'anni hai il vantaggio di poterti permettere scelte importanti e anche decisamente anticonformiste, grazie al fatto che **sei più consapevole e sicura di te stessa.**

Ricorda che, anche se il tuo fisico e i tuoi pensieri cambiano, c'è sempre un **"fil rouge"** che contraddistingue la tua persona rendendola unica e speciale: **il tuo personaggio interiore e tu sai già di cosa si tratta!** Non temere quindi, perché cambiare gusti e stile fa parte di un processo di rinnovamento e di arricchimento.

SEGRETO n. 22: per rimanere fedele a te stessa devi nel tempo rinnovarti dolcemente, cambiando in modo sapiente qualche piccolo dettaglio della tua immagine.

RIEPILOGO DEL CAPITOLO 3:

- SEGRETO n. 15: una donna chic non si piega alle regole della moda ma stabilisce le proprie. Per fare questo conosci te stessa e il tuo corpo e impara a valorizzare le tue parti migliori, senza pensare continuamente a ciò che ti piace meno!
- SEGRETO n. 16: impara a valorizzare il tuo corpo a piccole dosi, dando risalto di volta in volta a una delle tue parti migliori o che ami di più, senza metterle mai in evidenza tutte insieme.
- SEGRETO n. 17: non farti mai mancare nell'armadio qualche bel capo classico (i così detti "permanent fashion"), in colori e forme passepartout che puoi abbinare con tutto, compresi i capi più trendy.
- SEGRETO n. 18: mescola capi e accessori di diverso genere, periodo e prezzo, inoltre imponiti di non essere mai all'ultima moda!
- SEGRETO n. 19: per le occasioni importanti scegli una scarpa con il tacco alto e le calze velatissime, poiché mettono in risalto il tuo portamento e quindi anche la tua femminilità.

- SEGRETO n. 20: essere chic non vuol dire assumere un atteggiamento distaccato e superbo, ma dimostrarsi semplici e accessibili.
- SEGRETO n. 21: l'eleganza è una questione di equilibrio, quindi, come nell'abbigliamento, anche per quanto riguarda il make-up, l'acconciatura, l'uso del profumo e la scelta dei tuoi gioielli vale il principio della moderazione. Ricordati sempre che «Less is more»!
- SEGRETO n. 22: per rimanere fedele a te stessa devi nel tempo rinnovarti dolcemente, cambiando in modo sapiente qualche piccolo dettaglio della tua immagine.

Conclusione

Essere elegante, chic, avere stile non vuol dire recitare un clichè né vestirsi soltanto alla moda, ma nemmeno adeguarsi passivamente ai canoni precostituiti dell'eleganza. Vuol dire invece conoscere e capire gli stessi canoni per adattarli alla tua personalità. Vuol dire coltivare il piacere per le cose belle e per la bellezza, nel senso più ampio del termine.

Vuol dire cercare un equilibrio fra diversi fattori: contesto, circostanze, età, ruolo, fisico, gusto personale e dunque individuare quel "fil rouge" che ti rappresenta e che ti fa sentire a tuo agio in qualunque occasione.

Significa, per esempio, essere capace di passare con grande nonchalance da un impeccabile abito elegante o da sera a una maglia dolcevita o una t-shirt bianca con i jeans, senza perdere la tua raffinatezza.

Questo perché **ciò che ti rende chic, in fondo, è la naturalezza nel saperti adattare con intelligenza** alle circostanze, rimanendo sempre te stesso/a.

Infatti, la cosa più bella cui puoi aspirare quando indossi l'abbigliamento che hai scelto è sentirti così bene da dimenticartene! E questo può avvenire solo quando conosci te stesso/a e sai quello è perfetto per te, quando hai le informazioni giuste e sai prendere quello che ti serve, quando hai imparato le regole, ma sai anche, al momento giusto, liberartene.

Quindi:

- conosci te stesso/a;
- prendi informazioni e scegli solo il meglio;
- migliora il tuo senso estetico in generale;
- osserva con curiosità e passione tutto quello che ti circonda ponendoti domande sensibili e intelligenti;
- cerca ispirazioni attorno a te.
- prendi confidenza con le tue emozioni;
- conosci le regole dell'eleganza tradizionalmente accettate, ma poi…

- crea le tue regole personali e soprattutto…
- qualunque abbigliamento scegli di indossare, dimentica di averlo addosso!

Infine ti ricordo ancora una volta che la ricerca dell'eleganza non è qualcosa che riguarda solo il vestire, ma investe tutta la tua persona. **Si tratta di un'attitudine, di una predisposizione mentale che ti spinge a cercare la bellezza ovunque e che, proprio per questo, va coltivata come un talento, se davvero vuoi ottenere i risultati che desideri.**

Questo perché, come disse a suo tempo Diana Vreeland, «La bellezza e l'eleganza nascono prima di tutto nella tua mente, dopodiché il resto è solo una naturale conseguenza».

Monica Negri

www.ingramcontent.com/pod-product-compliance
Ingram Content Group UK Ltd.
Pitfield, Milton Keynes, MK11 3LW, UK
UKHW022011190726
13853UKWH00004B/1867